ごみってなんだろう？
どこから出て、さいごは
どこへ行くのかな？
ごみのゆくえを、いっしょに
見ていこう！

分別が楽しくなる！
ごみと資源のリサイクル

❶ ごみはどこから生まれて、どこへ行くのか？

監修：高田秀重

はじめに

自然から出るごみは土にうめると分解され、生きものの栄養になります。ところがプラスチックはいつまでも土や水のなかに残りつづけ、生きものに害をあたえています。そのうえ、みんなが大人になるのをじゃまする化学物質が入っています。からだを守るためには、プラスチックをわけてすてることだけでなく、できるだけ使わないようにすることも必要です。この本を読んでそんなことを知ってもらえればと思います。1巻では、プラスチックをふくめたごみがどう処理されているのかをしょうかいしています。

高田秀重　東京農工大学教授

もくじ

くらしにはごみがつきもの ………………………………………………	3
1 身のまわりのものは、いつかごみになる ………………………	4
2 ごみは法律で分類されている ………………………………………	6
3 わたしたちが出すごみの量はどのくらい？ ……………………	8
4 「使いすて」がごみをふやした ………………………………………	10
ごみ処理の歴史を見てみよう ………………………………………	12
5 分ければ「資源」、まぜれば「ごみ」 ………………………………	14
6 集められたごみは、どこへ行く？ …………………………………	16
7 ごみの処理❶ ごみはどうやって燃やされている？ …………	18
8 ごみの処理❷ 燃やさないものはどうするの？ ………………	20
9 ごみの処理❸ 粗大ごみはどうするの？ …………………………	21
10 ごみが多いと何が問題？❶ ごみの処理には、たくさんのお金がかかる ……	22
11 ごみが多いと何が問題？❷ 最終処分場が足りなくなっていく …………	24
12 ごみが多いと何が問題？❸ ごみの処理が、地球温暖化につながる ………	26
世界ごみニュース ごみをほとんど焼却しているのは日本だけ？ …………	28
ごみをへらすには？ ……………………………………………………	29
ごみ分別アクション 家のなかのごみを調べて、分別してみよう ………	30
用語解説・索引 ………………………………………………………………	31
考えてみよう！ ごみ分別クイズ ………………………………………	32

くらしにはごみがつきもの

わたしたちは、生活しながら、毎日ごみを出しています。

1 身のまわりのものは、いつかごみになる

わたしたちの身のまわりにあるものは、役わりを終えるとごみになります。使い終わったもの、古くなってよごれたりして使わなくなったもの、こわれたもの、あきてしまったものなど、すべてのものがいつかはごみとしてすてられます。

家庭で出るおもなごみ

生ごみ
調理くず・食べ残し・賞味期限切れの食品。そうじで出るほこりや髪の毛、切ったつめなども生ごみに入る

びん・かん・ペットボトル
飲み終わった飲みものの容器

新聞・雑誌
読み終わって情報が古くなったもの

ふろ場や洗面所で使うもの
使い終わった歯ブラシ・歯みがき粉の容器・シャンプーやボディソープ、洗たく洗剤などの容器

ふろ場・洗面所

ダイニングキッチン

家では、どんな場所から、どんなごみが出るかな？さがしてみよう。

洋服
サイズが小さくなって着られなくなったもの、古くなっていたんだもの、よごれたもの、あきてしまったもの

紙くず
使ってよごれたティッシュペーパーなど

くつ・かばん・おもちゃ
こわれたり、古くなったり、あきたりしたもの。ほかに、かさ、長ぐつなどもある

買いものやプレゼントの容器・包装
何かを買ってきたあと、必ずゴミになる包装紙や箱

家具・家電・車
古くなって、使い勝手が悪くなったもの

部屋

玄関

2 ごみは法律で分類されている

ごみには、燃える（燃やす・可燃）ごみ、燃えない（燃やさない・不燃）ごみ、大きな（粗大）ごみ、きけんな（有害な）ごみ、などさまざまな種類があります。家庭で出るごみ以外にお店や工場などから出るごみもあります。

ごみは、「廃棄物処理法」という法律で分類が決められています。

ごみは、どういう場所から出るかによって、分類されているよ。

社会で出るおもなごみ

家庭からだけでなく、会社のほか、飲食店やスーパーマーケットなどのお店から、また工場や病院などからも、ごみは毎日出ています。

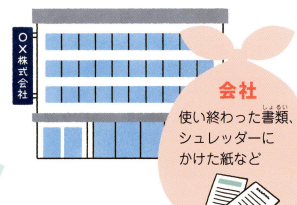

会社
使い終わった書類、シュレッダーにかけた紙など

スーパーマーケット
売れ残った期限切れの食品、食品トレーなど

病院
使い終わった注射器、手術着、手ぶくろ、血がついたガーゼや包帯など

飲食店
調理くず、食べ残し、空きびん、空きかんなど

「廃棄物処理法」で決められたごみの分類

ごみのことを、法律では「廃棄物」といいます。廃棄物は、大きく「一般廃棄物」と「産業廃棄物」の2つに分けられています。

放射性物質や放射性物質に汚染されたものは別の法律で決められているため、のぞく。

環境省『環境白書・循環型社会白書・生物多様性白書（令和3年版）・第3章 循環型社会の形成』

- **一般廃棄物**
  - **家庭系ごみ**：家庭の日常生活から出るごみ。
  - **事業系ごみ**：お店や会社などから出るごみで、産業廃棄物以外のもの。

- **産業廃棄物**：仕事で出たごみのうち、法律で決められた20種類。

- **特別管理廃棄物**：産業廃棄物と一般廃棄物のそれぞれのうち、爆発するおそれがある、有毒である、病気を感染させる可能性があるなどのごみ。

工場・発電所・工事現場・農場
水をきれいにしたり、ものを燃やしたり、ものをつくるときに出るもの、工事現場で出るもの、動物のふん尿など

工場や建設現場、工事現場などからは、産業廃棄物が出るよ。

産業廃棄物のおもなもの

汚泥
水をきれいにし、その水だけ取りのぞいたときに残るよごれ

廃材・くず
工場や建設現場などで出る、せんいくずやゴムくず、木くず、金属くずなど

がれき
工事現場や災害などで出るコンクリートなどのはへん

動物のふん尿など
家畜を育てる農場などで出るふんや尿、死がい

廃油
さまざまな産業から出る使い終わった油

ばいじん
ものを燃やしたときに出るすす

燃えがら
石炭などの燃えがら

7

3 わたしたちが出すごみの量はどのくらい？

わたしたちがふだん何気なく出しているごみは、いったいどのくらいの量になるのでしょうか。環境省によると、2022年に日本全国で出されたごみの量は、4034万トンでした。ひとり1日当たりでは、880グラムになります。これをおよそ1キログラムと考えると、1か月で約30キログラム、1年だと約365キログラムにもなります。

> 家族の人数分では、1日どのくらいになるかな？ 1か月や1年だったら、どうだろう？ 計算してみよう。

日本では…

日本全体で1年間に出たごみの量は 4034万トン

環境省『一般廃棄物の排出及び処理状況等（令和4年度）』

東京ドーム 約108はい分

環境省『一般廃棄物処理事業実態調査の結果（令和4年度）』

日本に住んでいる人

ひとり1日 880グラム

＊家庭系一般廃棄物だけではなく事業系一般廃棄物もふくめた量

およそ1リットルの牛乳パック1つ

世界では…

世界全体では 23億トン（2023年／UNEP調べ）

国連環境計画（UNEP）によると、2023年の世界のごみの量は23億トンでした。2050年には38億トンになるだろうと予測されています。世界ではごみがふえつづけているのです。

2050年には1.7倍の38億トンになる！（UNEP調べ）

グラフを見てみると、日本では、2000年をピークに、ごみの出る量（排出量）がへってきています。2000年には、それまでふえつづけてきたごみ問題の解決のため、「循環型社会形成推進基本法（→31ページ）」が制定されました。このころをさかいに、ごみをへらそうという意識が高まっていることがわかります。

ひとり1日当たりの出すごみの量が少ない市区町村ベスト3（令和4年度）

環境省では、毎年、ひとり1日当たりでのごみを出す量が少なかった市区町村ベスト3を、人口別に3つの区分に分けて発表しているよ。8ページで見た全国平均（880グラム）よりだいぶ少ないね。

人口10万人未満
1位 長野県川上村　283グラム
2位 長野県南牧村　319グラム
3位 徳島県神山町　393グラム

人口10万人以上50万人未満
1位 東京都日野市　601グラム
2位 静岡県掛川市　615グラム
3位 東京都小金井市　620グラム

人口50万人以上
1位 東京都八王子市　727グラム
2位 愛媛県松山市　754グラム
3位 京都府京都市　757グラム

環境省「一般廃棄物の排出及び処理状況等」（令和4年度）より（小数点以下四捨五入）

データ：日本のごみの量のうつり変わり

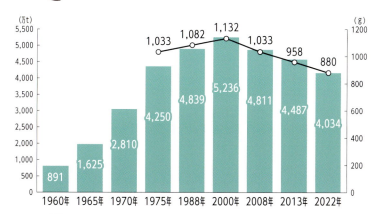

環境省「日本の廃棄物処理の歴史と現状」「日本の廃棄物処理」平成10年度、平成15年度、平成25年度、令和4年度より作成

4 「使いすて」がごみをふやした

ごみは、なぜこんなにふえたのでしょうか。わたしたちのまわりには、ものがあふれ、ほしいものはいつでもすぐ手に入るしくみがあります。また、短い時間でよりよい結果を出すことをもとめられる現代では、生活はいそがしくなり、それを助けるための「使いすてできるもの」があふれています。気軽に買ってあきたらすてる、べんりだから使いすて容器入りの食べものを買うけれど容器はすぐいらなくなる……こんなふうに、ごみがふえるような社会になっています。

使いすてのものがふえたために出るごみって、どんなごみかな？

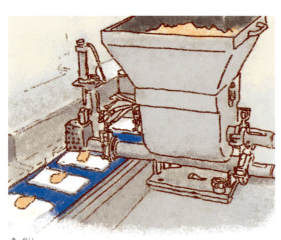

機械を使って一度にたくさんつくってたくさん売ると、手間はかからず、商品も安くすることができるので、もうかる。

お店は長い時間開いている。品物がなくなったりして、たなが空くことがないように、商品をつぎつぎ仕入れる。

売れ残ったものは廃棄物として処理される。

キーワード

食品ロス

「食品ロス」とは、まだ食べられるのにすてられてしまう食品のこと。農林水産省によると、日本全体の2022年の食品ロスの量は472万トン。ひとり当たり年間38キログラム、1日約103グラムになる。わたしたちは、毎日おにぎり1個程度の分量の食品をすてている。

10

まだ着られる洋服も、あきたらごみ。

流行の服は安く買って、おしゃれを楽しむ。流行が終わったり、あきたりしたらすてる。

リサイクル料を支はらってすてる。

家電はモデルチェンジが早くて、修理しようと思っても部品がない。部品があっても修理すると新品と同じくらいお金がかかるので、買いかえたほうが安い。

食べ終わったあとの容器は、すべてごみになる。

お弁当をつくる時間はない。外食するとお金がかかるから、スーパーマーケットやコンビニエンスストアで買って食べたい。商品はパッケージされていて清潔でべんり。

飲み終えたあとのボトルは、すべてごみ。

水とうを持ち歩くのは重くて大変。ペットボトルはどこでも買えるし、軽くてべんり。リサイクルできるのだから、買ってもすててもよい。

これが、ごみが大量に発生する現代のくらしです。どれも目先の「りえき」や「べんり」を優先して、長い目で見て、環境や人を大切にしていません。

データ

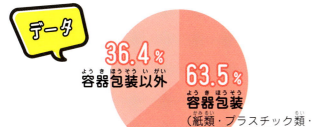

36.4% 容器包装以外
63.5% 容器包装（紙類・プラスチック類・ガラス類・金属類など）

※小数点以下、端数処理。合計値が100にならない場合がある。

家庭ごみ全体に対する容器包装ごみの割合

環境省によると、2022年のごみ全体における容器包装ごみの割合は約6割を占めていた。「容器包装」とは商品を入れたりつつんだりするもので、中身を出したり使ったりすると不要になるもの。

環境省「容器包装廃棄物の使用・排出実態調査」（令和5年）

キーワード

大量生産・大量消費・大量廃棄

「大量生産」はものをたくさんつくることで、「大量消費」はものをたくさん使うことをいう。18世紀にイギリスで「産業革命（→31ページ）」が起こる以前には、ものは手づくりされていて、たくさんは生産できなかった。しかし今では、多くの資源や石油などの化石燃料を使って工業製品が大量に生産され、人はものをたやすく手に入れ（大量消費）、かんたんにすてる（大量廃棄）ようになった。資源の使いすぎが、自然環境をこわし、気候変動につながっている。

ごみ処理の歴史を見てみよう

ごみを集めて燃やしたりする、今のような処理のしくみは、いつごろ始まったのでしょうか。歴史をさかのぼって見てみましょう。

江戸時代

リサイクルの時代とごみの不法投棄

江戸の町では、ものが大切にされ、こわれたものは直して使うのが当たり前でした。そのため、修理をしたり、不用品を集めて使える部分を取り出す、今でいうリサイクルにあたる仕事がたくさんありました。生ごみも、肥料として近くの農家に引き取られていました。しかし、どうしても出てしまうごみもあり、それらは空き地や川などにすてられていました。この不法投棄（→31ページ）を取りしまるため、江戸幕府は海にごみのうめ立て地をつくりました。

日本は1960年代から、ごみがふえたよ。その前と後で、ごみの処理はどのように変化していったのかな？

1900年代（明治・大正・昭和初期）

ごみの処分についての法律ができた

明治時代の1900年に「汚物掃除法」というごみ処理のことを決めた法律ができ、ごみの収集と処分が市区町村の義務と定められました。ごみは衛生上、焼却が望ましいとされましたが、まだ焼却場はなく、野外での焼却（野焼き）もおこなわれました。その後、昭和初期1929年にようやく、はじめての焼却しせつができました。

1945年以降（第二次世界大戦後）

ごみはまだ人力で収集されていた

戦後は、経済が発展し、都市に人口が集中するにともなってごみが急増します。各家庭からのごみの収集は、人が手車でおこない、その後、車や船を使って、焼却場やうめ立て処分場に運びました。焼却しせつも十分な数がなく、川や海へすてたり、空地に積み上げられたままということもあり、悪臭やハエの大量発生がありました。

1950年代

ごみ処理のしくみが整った

1954年に制定された「清掃法」によって、ごみの収集は市区町村に加え、国や都道府県も援助をすること、国民も協力をすることなどが定められました。ごみ収集車は現在の収集車に近いものが登場しました。

環境省『日本の廃棄物処理の歴史と現状』、東京二十三区清掃一部事務組合『清掃事業の歴史-東京ごみ処理の変遷』より

1960年代（高度経済成長期）

スーパーやコンビニの登場と焼却しせつの建設

高度経済成長期に入ると、家電をはじめ、ものが豊富な時代になりました。スーパーマーケットやコンビニエンスストアの登場もあり、大量生産大量消費（→11ページ）型の社会になっていきます。工業の発展とともに農業がおとろえ、生ごみをたい肥化した肥料は行き場を失いました。都市のごみはふえ、水分をふくんだ生ごみを焼却できる新しいしせつの建設が相次ぎました。

1970年代

公害が社会問題になる

工業がさかんになったことで、工場などから出る有害な廃棄物が川や海、空をよごし、公害が大きな問題となりました。このころから、環境を守ることがもとめられるようになりました。

1980年代

使いすてプラスチック容器の登場

「バブル景気」とよばれた景気のよい時代をむかえ、生産・消費がさらに活発になり、ごみはふえつづけました。ペットボトルの広まりなどで、ごみの種類も変わり、容器包装やプラスチックのごみが目立つようになります。

1990年代

ダイオキシン問題

このころ、ごみの焼却しせつから発生するダイオキシン類が人の健康に影響をおよぼすことがわかり、社会問題となりました。その後、ダイオキシン類が出ないような、高い温度で焼却される焼却炉が次つぎと建設されました。

2000年以降

2000年には「循環型社会形成推進基本法」が制定され、「リデュース・リユース・リサイクル」の「3R」の視点を基本にした循環型社会をめざすことが定められました。さまざまなリサイクル法も制定され、ごみの分別収集への理解が根づいてきています。2000年に入ってからは、少しずつごみの出る量（排出量）もへってきています。しかしまだまだ改善の必要があり、これからは、生ごみとプラスチックごみをへらすことが重要だと考えられています。

リデュースは「へらす」、リユースは「くり返し使う」、リサイクルは「また資源にもどす」という意味があるよ。3つのことばの英語の頭文字「R」を取って3Rだ。（→29ページ）

5 分ければ「資源」、まぜれば「ごみ」

ごみの収集は、各地域で曜日ごとに出してよいものが決められています。ごみとして収集されるものは、おもに、燃やす（燃える・可燃）ごみ、燃やさない（燃えない・不燃）ごみ、大きな（粗大）ごみ、きけんな（有害な）ごみなど、処理のしかたによって分かれています。ペットボトルや古紙、びん、かんなどは資源として回収されています。資源を分けずに出してしまうとごみになってしまいますが、分別すれば資源として活用されます。

＊分別・収集は自治体（各市区町村）によってことなります。

分別・収集のしかたは、各市区町村によってちがうよ。住んでいる地域のことを調べてみてね。

資源物とごみの分け方・出し方の例

新聞	ダンボール	雑誌・雑紙	紙パック

注意
ティッシュペーパーの箱やふうとうについているフィルムは取りのぞいてください。

古紙にも、ダンボール、紙パック、新聞、本、雑誌、チラシや雑紙などがあるね。できるだけ、同じ種類のものを集めてまとめるといいんだね。

ティッシュペーパーやふうとうについている、とうめいなフィルムは紙ではないから、はがして出さないと分別にならないね。

ペットボトルは、ボトルとキャップ、ラベルがそれぞれちがう材料でできているから、3つに分別するよ。

プラスチック製容器包装は、この町では「資源」になっているね。ぼくの町では、「燃やすごみ」あつかいだよ。でも白いトレーなど、一部のプラスチック製容器包装は、買ったお店で引き取ってくれるよ。

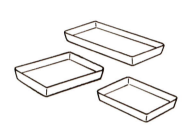

衣類や布も「資源」になっている。ぼくの町では、「燃やすごみ」に入っているけど、自治体の拠点回収（→2巻8ページ）や回収してくれるお店があるよ。

「資源」をより細かく分別することで、より多くのものをごみにしないで、再利用（リサイクル）できるように努力している市区町村はほかにもあるよ。（→2巻21ページ）

ごみを43種類に分別している 徳島県上勝町

徳島県上勝町では、ごみの焼却とうめ立てをできるかぎりへらし、処理にもお金がかからないようにしようと考え、ごみを43種類に分別することにしているよ。できるかぎりの分別をおこない、多くのものをリサイクルにまわしているんだ。どうしても燃やさなくてはならないものは焼却、どうしてもうめなくてはならないものはうめ立てをしているよ。（→2巻20ページ）

まめ知識

ごみの分別の名称

「燃やすごみ」と「燃やさないごみ」のごみの分別の名称は、「可燃ごみ」「不燃ごみ」「燃えるごみ」「燃えないごみ」など、市区町村によってよび方がちがう。ほかにも、「燃やすごみ」以外はすべて資源ごとに分別していて、「燃やさないごみ」のあつかいがない市区町村や、「燃やすごみ」も「燃やさないごみ」の一部もまとめて「一般ごみ」「ふつうごみ」などとしている市区町村もある。

6 集められたごみは、どこへ行く？

ごみの種類によって、集められる場所と処理の方法がちがうよ。

　分別して出したごみは、そのあとそれぞれちがう場所へ運ばれて処理されます。処理の方法はごみの種類によってちがいます。燃やす（可燃）ごみは清掃工場で燃やされ、残った灰は資源化したり、最終処分場にうめ立てをします。燃やさない（不燃）ごみや粗大ごみは、細かくくだいてから燃やせるものは燃やし、燃やせないものはそのままうめ立てます。

燃やす（可燃）ごみ

燃やさない（不燃）ごみ

粗大ごみ

資源

中間処理しせつ

不燃ごみ処理しせつ
細かくくだいて、資源として使える鉄やアルミなどを選別する。

粗大ごみ処理しせつ
燃やすものと燃やさないものに分け、細かくくだく。鉄などを選別する。

資源化しせつ
紙・ペットボトル・びん・かん・鉄・金属・プラスチックなどの資源化しせつがある。

ごみ収集車（プレス式）のしくみ

おろす 清掃工場でごみをおろすときは、板（オレンジの部分）を動かして、ごみを後ろへおし出す。

積みこむ 積みこまれたごみを、つぶしながらおくへおしこむ。

清掃工場
燃やすごみを高温で燃やし、ごみのかさを約20分の1にする。

東京二十三区清掃一部事務組合

熱エネルギーの利用
ごみを燃やしたときの熱エネルギーは、発電や温水プールなどに利用される。

灰の再利用
ごみを燃やしたあとの灰の一部は、セメントをつくる材料や道路工事の材料になる。

最終処分場
ごみを燃やしたあとの灰や燃やせないごみを細かくくだいたものをうめ立てて処分する。

東京都環境局

資源として再利用される。

＊処理の流れは自治体やしせつによって多少ことなります。

7 ごみの処理① ごみはどうやって燃やされている？

燃やすごみのなかに燃やせないものがまざっていると、焼却炉が故障して止まってしまうことがあるよ。ちゃんと分別しよう！

燃やすごみは、一度、ごみバンカにためて、ごみの質を均一にするため、クレーンを使ってごみをかきまぜる。燃やせないものがまざっていないかどうか、定期的に点検がおこなわれる。点検は手作業なので、大変な手間と時間がかかる。

上下ともに、東京二十三区清掃一部事務組合

清掃工場のしくみ

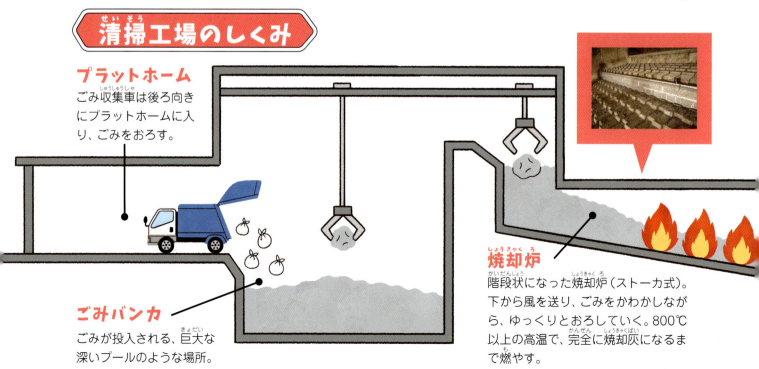

プラットホーム
ごみ収集車は後ろ向きにプラットホームに入り、ごみをおろす。

ごみバンカ
ごみが投入される、巨大な深いプールのような場所。

焼却炉
階段状になった焼却炉（ストーカ式）。下から風を送り、ごみをかわかしながら、ゆっくりとおろしていく。800℃以上の高温で、完全に焼却灰になるまで燃やす。

＊処理の流れは自治体やしせつによって多少ことなります。

収集された燃やすごみは、すぐ清掃工場へ運ばれ、800℃以上の高い温度を保つ焼却炉で燃やされます。

燃やして量がへるのはよいけれど、水分をふくんだごみを燃やすためには、たくさんのエネルギーが必要になる。生ごみはできるだけ水を切って出すことが環境にいいよ。

ごみを燃やす理由

❶ 燃やせるごみを燃やして灰にすると、ごみのかさは約20分の1になるので、灰をうめ立てる最終処分場が長く使えるから。

❷ 水分をふくんだ生ごみを、燃やすことで衛生的な環境を保てるから。

❸ 高い温度で燃やすのにも理由がある。低い温度だと、水分をふくんだごみを燃やすのに時間がかかるので、その分エネルギーを使ってしまう。また、低い温度でごみを燃やすと、ダイオキシン類などが出てしまうから。

ボイラーでは、ごみを燃やしたときに出る排ガスや熱を蒸気に変え、蒸気の力で発電機を回して電気をつくっている。あまった熱を温水プールなどに利用することもできる。

排ガス処理設備
ごみを燃やしたときに出る排ガスは、いくつかの装置を通りながら有害な物質が取りのぞかれ、水蒸気のようになってえんとつから出て行く。

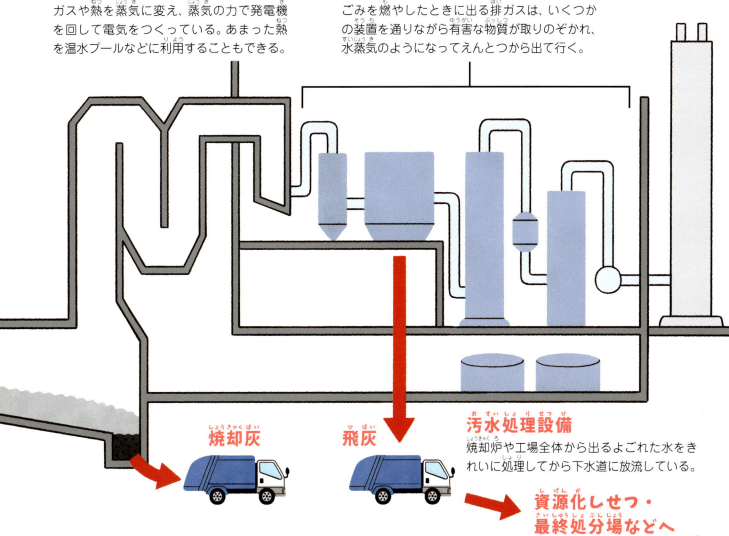

焼却灰

飛灰

汚水処理設備
焼却炉や工場全体から出るよごれた水をきれいに処理してから下水道に放流している。

→ 資源化しせつ・最終処分場などへ

8 ごみの処理❷ 燃やさないものはどうするの？

　燃やさないごみは、清掃工場ではなく、不燃ごみ処理しせつに運ばれて、きけんなものなどがないかどうか人の目で点検されてから細かくくだかれます。そのあと、鉄やアルミなど、資源になるものをできるだけ取り出して、燃やせるものは清掃工場へ、燃やせないものは最終処分場へ運ばれます。

燃やさないごみの処理のしくみ

細かくくだく → **回転式の破砕機**
運びこまれたごみを15cm以下にくだく。

鉄を取り出す → **鉄の磁選機**
磁石で、鉄だけをくっつけて取り出し、資源として再生工場へ。

細かい不燃ごみを分ける → **小径ふるい選別機**
円柱形のふるいで、くだけた陶器やガラスなど細かい不燃ごみを取り出し最終処分場へ。

アルミを取り出す → **アルミの磁選機**
磁石に反発する力を使ってアルミだけを取り出し、資源として再生工場へ。

焼却・うめ立て
燃やせるものは清掃工場へ。
燃やせないものは最終処分場へ。

不燃ごみ / このハンマーが回転して、ごみをくだく。 / くだかれたごみ

人の目と手できけんなものを取りのぞくなんて、とても大変な作業だよね。分別はきちんとしなくちゃね！

きけんなごみはすて方に注意

刃物、はり、がびょう、われたガラスなどは、収集する人の手をきずつけてしまうので、紙でつつみ、ふくろに「キケン」と書いて出そう。

とがったもの

有害な物質をふくむもの

爆発や火災などのおそれのあるもの

＊分別や処理の流れは、自治体やしせつによって多少ことなります。

ごみの処理❸ 粗大ごみはどうするの？

粗大ごみは、粗大ごみ処理しせつに運ばれて、まず人の手で、燃やせるものと燃やせないものに分けられてから、それぞれ細かくくだかれます。そこからそれぞれ資源となる鉄を取り出し、燃やせるものは清掃工場へ、燃やせないものは最終処分場へ運ばれます。

> ふとんや家具などは燃やせるけど、自転車などは金属の部分があるから燃やせないね。これも手作業で分けているよ。

粗大ごみの処理のしくみ

燃やせるものと燃やせないものに分ける

運びこまれたものを、人の手を使って、ふとんや木製の家具などの燃やせるものと、自転車などの燃やせないものに分ける。

細かくくだいて、鉄を取り出す

回転式の破砕機
15cm以下にくだく。

鉄の磁選機
磁石で鉄だけをくっつけて取り出し、資源として再生工場へ。

焼却・うめ立て

燃やせるものは清掃工場へ。燃やせないものは最終処分場へ。

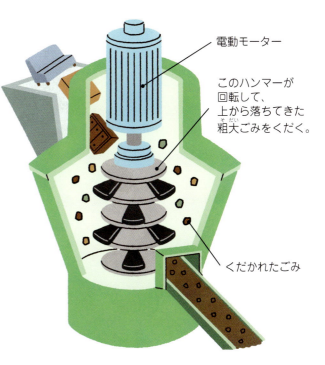

電動モーター

このハンマーが回転して、上から落ちてきた粗大ごみをくだく。

くだかれたごみ

＊分別や処理の流れは自治体やしせつによって多少ことなります。

21

ごみが多いと何が問題？❶
10 ごみの処理には、たくさんのお金がかかる

日本のごみの出る量（排出量）は少しずつへっています（→9ページ）が、一方でごみの処理にかかる費用はふえています。現在では1年間に2兆円以上かかっていて、国民ひとり当たりでは1万5000円以上になる計算です。ごみの処理にはおもにわたしたちの税金が使われています。

ごみの処理にかかる費用は、家の前から運ぶ作業のほか、ごみを安全に処理したり、うめ立てをしたりする作業にもかかっているんだ。

日本で1年間にかかるごみ処理費用は 約2兆円

環境省『一般廃棄物の排出及び処理状況等（令和4年度）』

❶ごみを集める・運ぶ

分別にしたがって収集しても、ほかのごみがまざっていると、人の目で点検して手作業でより分ける必要がある（→18〜21ページ）ため、人をやとう費用がふくらんでいる。

ごみをより細かく分別するようになったため、運ぶ車や回数をふやしたり、人手が多く必要となったので、そのための費用がふえている。ごみの収集のはんいの広がりは、市区町村にとっても負担が大きい。

東京二十三区清掃一部事務組合

❷ごみを焼却処理する

ごみを焼却する焼却炉ではたくさんのエネルギーが使われる。うめ立てる量を少しでも少なくするため、完全に燃やして焼却灰にするエネルギーがかかっている。

> **ほかにも……**
> - 故障のないよう、定期的に点検や手入れをする必要がある。
> - 高温で燃やすので焼却炉がいたむ。工場によってことなるが寿命は約25〜30年ほどとされている。全国の古くなった焼却炉には修理などの工事費用が必要。
> - 古い焼却炉を、高温で燃やす新しい焼却炉に取りかえる場合にも多くの費用がかかる。

焼却炉の改修は、市区町村にとっては大きな負担になっている。

見学ルートには、800℃以上の高温で燃やされている焼却炉の火を再現したイメージ画像が見られるようになっている。

東京二十三区清掃一部事務組合

焼却炉の耐用年数は（使える年数）**約25〜30年**

永久に使えるわけではないんだよ。

❸ごみをうめ立てる

最終処分場でごみをうめ立てるのにも費用がかかる。おろしたごみの上に土をかぶせていく作業をくりかえしおこなっている。

> **ほかにも……**
> うめ立てたあとの処分場では、環境を考えてさまざまな作業をおこなっている。
>
> - うめ立てたところに発生するガス（メタンガス）をぬくためのパイプを打ちこみ、地中からガスをぬいて、火災の発生を防ぐ。
> - 焼却灰やごみが飛び散らないように車で水をまく。防虫対策もおこなっている。
> - 処分場に雨がふるとしみ出してくる水（浸出水）があり、汚染物質がふくまれているので、処理してきれいにしている。

ごみで小さな山をつくり（間は空ける）、3mになったら、50cmの土をかぶせる。

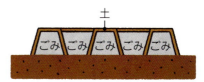

間の部分にごみをうめて、50cmの土をかぶせる。

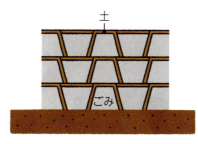

これをくり返して、30mの高さになるまで、うめ立てをおこなう。

産業廃棄物の最終処分場には安定型・遮断型・管理型の3つの種類があるよ。有害な物質をうめ立てるのが遮断型の処分場だ。有害な物質が外に出ないように適切に処理することとされている。

ごみが多いと何が問題？❷
11 最終処分場が足りなくなっていく

最終処分場では、うめ立てたごみに上から土をかぶせ、においや害虫が発生するのを防いでいる。雨がふったときにごみから出るよごれた水を集め、きれいにする設備を整えている。しかし、今の技術ではよごれをすべて取りのぞけるわけではないため、汚染を完全に防ぐには課題が残っている。

1年間で出たごみ 4034万トン

最終処分場とは、どうしても再利用や再資源化ができないごみ（廃棄物）をうめ立てる場所です。わたしたちの生活に欠かせない存在で、日本全国にあります。環境省の発表では、日本の最終処分場は、全国平均であと20年ほどで満ぱいになるとされています。この残り期間を推定した値を残余年数といいます。

残余年数は、その年にうめ立てたごみの量と、これからうめ立てが可能な量とをくらべて、毎年、算出され、環境省が発表しているよ。

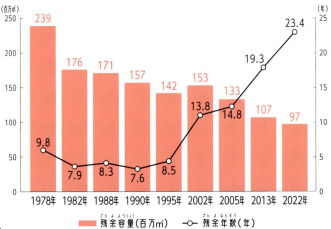

データ 最終処分場の残余容量と残余年数（一般廃棄物）

年	残余容量(百万㎥)	残余年数(年)
1978年	239	9.8
1982年	176	7.9
1988年	171	8.3
1990年	157	7.6
1995年	142	8.5
2002年	153	13.8
2005年	133	14.8
2013年	107	19.3
2022年	97	23.4

環境省「日本の廃棄物処理の歴史と現状」「日本の廃棄物処理」各年度版、「一般廃棄物の処理状況等」令和4年度、「環境白書」平成25年度、令和3年度より作成

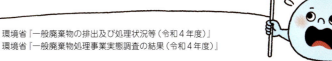

最終処分場の残り容量は、9666万立方メートル
残余年数23.4年
あと**20年ほど**でいっぱいになる。

環境省『一般廃棄物の排出及び処理状況等（令和4年度）』
環境省『一般廃棄物処理事業実態調査の結果（令和4年度）』

最終処分場をふやすのはなぜむずかしいの？

新しい最終処分場をつくることはかんたんではありません。最終処分場を新しく建設しようとすると、かならずと言っていいほど近くの住民から反対が起こります。ごみをうめ立てると悪臭や土地や水の汚染など、環境が悪くなるかもしれないという心配があるためです。ごみをへらして、今ある処分場をできるだけ長く使えるようにしなくてはなりません。

東京都環境局

ごみをうめ立てる場所がなくなったら、ごみをすてることができなくなり、生活が成り立たなくなるね。ごみの量をへらすしかないんだ。

東京都の最終処分場

東京湾にある最終処分場を空から撮った写真。上の部分、中央防波堤内側うめ立て地は1986年ごろにうめ立てが終了した。現在うめ立てがおこなわれているのは、下の部分、中央防波堤外側処分場と新海面処分場。東京湾ではこれ以上うめ立てはおこなうことができない。

東京都環境局

1986年には空きとなっていた下の左の部分も、2024年にはうめ立てられ、さらに下の方へとうめ立てが進んでいる。

ごみが多いと何が問題？❸
ごみの処理が、地球温暖化につながる

　地球温暖化（→31ページ）とは、地球全体の平均気温が高くなる現象です。平均気温が上がる原因は温室効果ガスによるものとされています。温室効果ガス（→31ページ）のおもな要素には、二酸化炭素・メタン・フロン・一酸化二窒素（亜酸化窒素）などがあります。ごみを処理するためにエネルギーを使うことで、温室効果ガスを発生させてしまいます。

人間がものを生産したり消費するなど、生活しているだけで、地球に負担がかかっているんだね。

❶エネルギーと資源を使っている

ごみの焼却処理にはたくさんのエネルギーが使われています。またそもそも、多くのものをつくるのにもエネルギーがたくさん使われています。エネルギーのもとは石油・石炭・ガスなどの化石燃料で、天然の資源です。日本ではそのほとんどを海外から輸入していますが、資源は使えばいつかはなくなってしまいます。

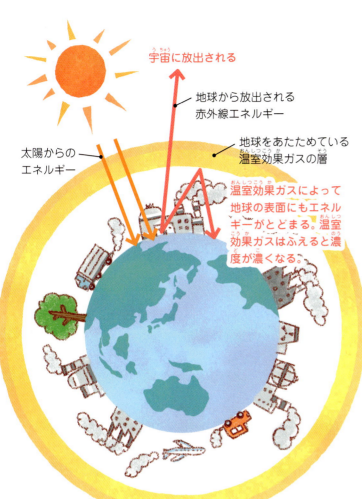

❷温室効果ガスを発生させている

紙や木や生ごみなど有機物を燃やせば二酸化炭素が発生します。とくに、生ごみにふくまれる水分を燃やすためには多くのエネルギーを使うだけでなく、より多くの二酸化炭素が発生します。汚泥（→7ページ）などを燃やすと一酸化二窒素も発生します。冷蔵庫やエアコンをすてるときには、使われているフロンガスを処理しなくてはなりません。うめ立てたごみからはメタンガスが発生します。ごみ処理のさまざまな過程で温室効果ガスが発生し、地球温暖化につながっています。

地球は太陽の熱にあたためられると、赤外線のエネルギーを宇宙に放出する。この赤外線のエネルギーを吸収して、地球を温室のようにあたためるのが、二酸化炭素などの温室効果ガス。工業が発展する以前は放出と温室効果のバランスがつりあっていたけれど、人間の活動が活発になりエネルギーをたくさん使うようになると、温室効果ガスの濃度が強くなり、地球に熱がこもって温暖化につながっている。

❸温暖化が気候変動（→31ページ）を引き起こしている

気候変動とは、気温や気象の長い目でみた変化のことです。石油や石炭、ガスなどの化石燃料を燃やすことで発生する温室効果ガスとそれによる地球温暖化が、気候の変化に影響をあたえていると考えられています。気温が高い状態が長くつづくと台風や豪雨がふえたり、四季のバランスがくずれたりするなど、気候のパターンが変わってきます。台風や豪雨が多くなると災害が起こる危険性も高まります。

地球温暖化や気候変動で災害が多くなったら、生活にも影響があるね。それに、資源がなくなってしまったら、未来の人びとがこまってしまう。よく考えなくてはならないね。

27

世界ごみニュース

ごみをほとんど焼却しているのは日本だけ？

　国土がせまい日本では、ごみをうめ立てる場所が少ないため、燃やしてごみの量をへらしています。世界のほかの国はどうしているのでしょうか。

　国土がせまいヨーロッパ諸国と韓国では、リサイクルの割合が高くなっています。これは、生ごみをたい肥にして農業に活かすなどの「循環」がうまくいっているからです。国土が広いアメリカやオーストラリアなどではうめ立ての割合が高く、次いでリサイクルですが、焼却はほとんどありません。ニュージーランドではすべてうめ立て、カナダはすべてリサイクルとなっています。

世界のごみ処理とリサイクル

下のグラフは、OECD（ヨーロッパやアメリカ・カナダ・日本などを中心とする経済開発協力機構の略称）に加盟（参加）している38か国の、ごみ処理のしかたを調べたもの。

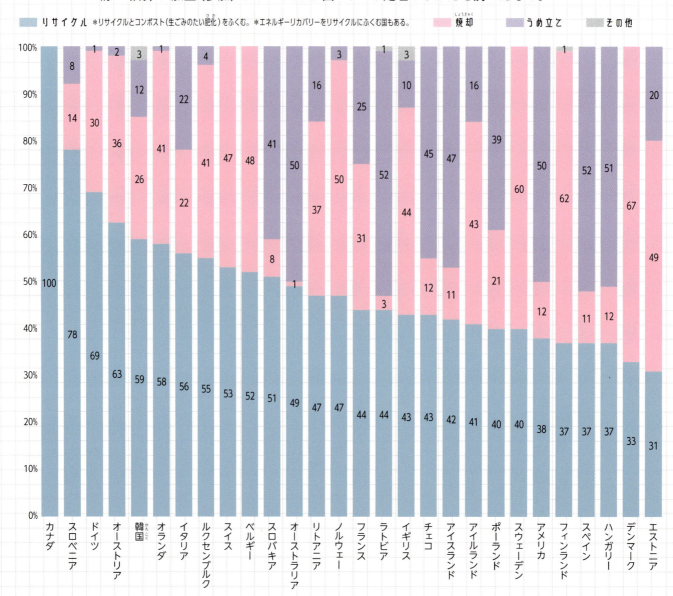

（出典）OECD　Municipal-waist（2021）　＊OECD（ヨーロッパやアメリカ・カナダ・日本などを中心とする経済開発協力機構の略称）に加盟している38か国のごみ処理の方法を比較している。国によって、対象となるごみ（廃棄物）の種類や計量のしかたはことなる。また四捨五入などにより、合計が100（％）とならないところもある。

最近では、リサイクルにも
エネルギーがかかることなども
課題になっているんだよ。

ごみをへらすには？

これまでは、ふえるごみをどう処理すればよいのかという点から、ごみを焼却したり、中間処理をおこなうしせつや最終処分場をふやしたり、焼却炉の性能を上げたりするなどさまざまな解決策が考えられてきました。しかし、焼却や中間処理にもたくさんのエネルギーがかかることやうめ立てる場所にも限りがあることなどから、これからは「ごみを処理する」という考え方だけではうまくいかないことがわかってきました。今では資源を大切に使いながら、ごみを生み出さない循環型社会への転換が必要と考えられています。

3Rって知ってる？
3Rはごみをへらすためのアクションだよ。

Reduce
リデュース（へらす）
ごみの量をへらす

Reuse
リユース（再使用）
ものをくり返し使う

Recycle
リサイクル（再資源化）
再生して利用する

日本のリサイクルの割合は先進国のなかでは極端に低くなっている。もし日本が生ごみを燃やさずたい肥化をおこなえば、日本のリサイクル率はぐんと上がると考えられているよ。

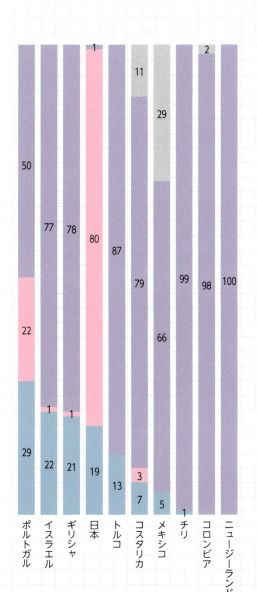

国	ポルトガル	イスラエル	ギリシャ	日本	トルコ	コスタリカ	メキシコ	チリ	コロンビア	ニュージーランド
	50	77	78	80	87	11 / 29 / 79	66	99	2 / 98	100
	22									
	29	1 / 22	1 / 21	19	13	3 / 7	5	1		

3Rの取り組みについては2巻を見てね。

ごみ分別アクション
家のなかのごみを調べて、分別してみよう

家ではどんなごみが出ているかな。種類や量を調べてみよう。

1週間つづけてみると、どんなごみがどれくらい出るのか、つかめるね。

❶ その日どんなごみをすてたか、家族にも聞いて、メモしよう。

❷ 1週間くらいつづけてメモしたら、項目を決めて、一覧表にしてみよう。その後は〇をつけていけばいいよ。

```
〇月〇日（〇）
●生ごみ          両手で1ぱいくらい
●よごれた紙      10まいくらい
●ダイレクトメール 2まい（紙）
●おかしのふくろ  1まい（プラスチック容器）
●おかしの箱      1つ（紙容器）
●牛乳パック      1つ
●食品トレー      3つ（プラスチック容器）
●食品のふくろ    4まい（プラスチック容器）
●ペットボトル    2本
●ビールのかん    2本
●シャンプー容器  1つ（プラスチック）
●ボールペンのしん 1つ（プラスチック）
```

ごみの種類＼月日	/	/
生ごみ		
紙くず		
プラスチック		
容器包装（プラスチック）		
容器包装（紙）		
ペットボトル		
かん		
びん		
雑誌・新聞紙		
布・衣類		
そのほか		
収集日に出したごみ		

❸ 収集日には、何ごみをどのくらいの量すてたかを家族に聞いてメモしよう。
例：燃やすごみ　10リットル1ふくろ

まとめ（1か月に出したごみ）
例）
●燃やすごみ　10リットルのふくろ 8
　　　　　　　20リットルのふくろ 1
（内容…生ごみ、紙くず、古着、かばん、くつ　容器包装で資源にならないもの、）
●紙 新聞 1　●ダンボール 5
●牛乳パック 15　●雑紙 2ふくろ分
●容器包装　食品トレー 30
●ペットボトル　2リットル 8、500ミリリットル 10
●燃やさないごみ　10リットルのふくろ 2
（内容…なべ、おりたたみのかさ）

❹ 1か月くらい記録がたまったら、自分の家で出るごみの量を計算して出してみよう。住んでいる地域の分別の種類ごとに、ふくろの数を数えるだけでもいいよ。

自分の家でどのくらい、どんなごみが出ているのかがわかったら、ごみをへらす作戦を家族といっしょに考えてみよう。

用語解説

温室効果ガス

太陽の熱をもらって地球の表面から放出される赤外線を吸収して、地球の気温を上げてしまうガス。多くは二酸化炭素で、ほかにメタン、一酸化二窒素、フロンなどがある。

気候変動

地球温暖化で起こる気候や気温の長期的な変化。暖冬がつづいたり、雨や台風がふえたり逆に干ばつがつづいたりする。温暖化のおもな原因は温室効果ガスだとされている。

産業革命

18世紀のなかごろ、動力が改良され、イギリスをはじめとするヨーロッパで始まった工業の大規模な機械化。大量生産が可能になり、生活や社会が大きく変化した。

循環型社会形成推進基本法

ごみをへらし、資源をできるかぎり再使用、再利用して、環境に負担をかけないような社会をめざすことを定めた法律。2000年5月に日本で成立した。

地球温暖化

太陽が発する熱エネルギーは地球をあたため、地球はよぶんな熱を宇宙へ放出する。温室効果ガスがふえることでこのバランスがくずれ、地球の気温が上がっていく状態をいう。

不法投棄

ごみを路上や空き地、他人の土地など、決められた場所ではないところにすてたり、置いたままにしたりすること。ポイすてや収集日以外の日にごみを出すこともふくまれる。

索引

あ
- 一般廃棄物 ……………………… 7
- 汚物掃除法 ………………………12
- 温室効果ガス ……………… 26、27

か
- 気候変動 ………………………… 27
- 公害 ………………………………13
- 国連環境計画 …………………… 9

さ
- 最終処分場 …17、19、20、21、23、24、25
- 産業廃棄物 …………………… 7、23
- 循環型社会形成推進基本法 ……… 9、13
- 焼却灰 ……………………18、19、23
- 焼却炉 …………………18、19、23、29
- 食品ロス …………………………10
- 3R ……………………………… 13、29
- 清掃工場 ………16、17、18、19、20、21
- 清掃法 ……………………………12
- 粗大ごみ処理しせつ …………… 16、21

た
- ダイオキシン類 ………………… 13、19
- たい肥 ……………………13、28、29
- 大量生産大量消費 ……………… 11、13
- 地球温暖化 ……………………… 26、27
- 特別管理廃棄物 …………………… 7

な
- 野焼き ……………………………12

は
- 廃棄物処理法 …………………… 6、7
- 飛灰 ………………………………19
- 不燃ごみ処理しせつ …………… 16、20
- 不法投棄 …………………………12
- プラスチック ……11、13、15、16、30、32

や
- 容器包装 …………… 11、13、15、30、32

ら
- リサイクル ……11、12、13、15、28、29
- リデュース ……………………… 13、29
- リユース ………………………… 13、29

考えてみよう！ごみ分別クイズ

食べ終わったポテトチップスのふくろ、すてるとき、何ごみの日に出す？

Ⓐ「燃やさないごみ」の日
理由
ポテトチップスのふくろは、プラマークがついているから、プラスチック。プラスチックは燃えない素材だと思うから。

Ⓑ「燃やすごみ」の日
理由
ポテトチップスのふくろは、プラスチック。だけど、なかがよごれていて、資源にならないと思うから。

Ⓒ「資源（容器包装プラスチック）」の日
理由
ポテトチップスのふくろは、プラスチック。よごれをふいたりして少しきれいにすれば、資源になると聞いたから。

答えは、右のページをめくったところにあるよ。

監修　高田秀重（たかだ・ひでしげ）

東京農工大学農学部環境資源科学科准教授。国内外で、プラスチックと環境ホルモンの影響を調べ、研究をおこなっている。2005年から、世界各地の海岸でひろったマイクロプラスチックを集めて調査する「インターナショナル・ペレットウオッチ」を主宰し、世界各国で活動している。プラスチックと生ごみの焼却には反対で、プラスチックは使用をへらすこと、生ごみはコンポストをすすめている。プラスチックの問題を多くの人に向けて発信している。

デザイン	黒羽拓明
イラスト	田原直子／鴨下潤
執筆・編集	永田早苗

協力・写真提供

東京二十三区清掃一部事務組合
東京都環境局
徳島県上勝町
アフロ

参考文献

環境省『環境白書・循環型社会白書・生物多様性白書』
環境省『一般廃棄物の排出及び処理状況等』
環境省『一般廃棄物処理事業実態調査の結果』
環境省『日本の廃棄物処理の歴史と現状』
環境省『容器包装廃棄物の使用・排出実態調査』
東京二十三区清掃一部事務組合ホームページ
東京二十三区清掃一部事務組合『清掃事業の歴史 - 東京ごみ処理の変遷』
東京都環境局『東京都廃棄物埋立処分場』
東京都環境局『ごみについて考えること　地球環境を考えること』

分別が楽しくなる！
ごみと資源のリサイクル
①ごみはどこから生まれて、どこへ行くのか？

2025年1月20日　　初　版

NDC518　P32　29×22

監　修	高田秀重
発行者	角田真己
発行所	株式会社　新日本出版社
	〒151-0051　東京都渋谷区千駄ヶ谷4-25-6
	tel.　03-3423-8402（営業）　03-3423-9323（編集）
	メール　info@shinnihon-net.co.jp
	ホームページ　www.shinnihon-net.co.jp
	振替番号　00130-0-13681
印　刷	光陽メディア
製　本	東京美術紙工

落丁・乱丁がありましたらおとりかえいたします。
©Sanae Nagata 2025
ISBN978-4-406-06828-4 C8336 Printed in Japan

本書の内容の一部または全体を無断で複写複製（コピー）して配布することは、法律で認められた場合を除き、著作者および出版社の権利侵害になります。小社あて事前に承諾をお求めください。

32ページのクイズの答え

分別の答えは…
住んでいる地域のルールによってちがう！

ポテトチップスのふくろは、プラスチックだ。プラマークがついているね。プラスチックは石油からつくられているものが多く、燃やすことができる。ただ、「燃やすごみ」にするか、「燃やさないごみ」にしてうめ立てをするか、「資源（容器包装プラスチックとして）」とするかは、きみが住んでいる市区町村が決めているんだ。
たとえば……

A　焼却炉を長く使うため、焼却するごみの量をへらし、うめ立てる。
→「燃やさないごみ」として回収。

B　焼却炉が大きいので燃やしてもだいじょうぶ。ふくろは、なかがよごれていて資源にできないことが多いので、焼却して少しでもごみのかさをへらす。
→「燃やすごみ」として回収。

C　ふくろのなかのよごれをふきとったりして少しきれいにすれば、資源になる。焼却でもうめ立てでもない方法を選ぶ。
→「資源（容器包装プラスチック）」として回収。

「資源（容器包装プラスチック）」を分けていない市区町村もあれば、分けて回収している市区町村もあるんだ。また、分けていても、「燃やすごみ」に入れていてもよいとしている場合もある。

住んでいる地域のルールをよく見て、守ってね！